I have a dream.

You are my life, my destiny.

—

시인 김삼문

김삼문
네 번째 시집

추월선

도서출판
에이엑스

공간 속에 고요

나는 흔들립니다.

시인의 색깔은 있을까?

사물과 사람이 퍼즐(Puzzle) 맞추듯 탈출하기를 반복한다.

전공과 문학의 경계를 허무는 추월선이 위태롭다. 부산정보기술협회, 해운대문인협회 회장 역임했으며, 인공지능(AI) 연결사회를 지향하는 동의대학교 소프트웨어융합대학 교수로 재직 중이다.

네 번째 시집 『추월선』 퍼즐(Puzzle)을 맞추듯 담습니다.

이것은 나의 퍼즐같은 사랑입니다.

This is my love that's like a puzzle.

시인 **김삼문**

차례

제1부
서랍장 일기

표지판 __ 12

가위바위보 __ 14

가족사진 __ 15

동백섬 __ 16

아가미 퍼즐 __ 17

아가미 __ 18

타다만 그리움이 __ 19

틈과 틈 __ 20

스위치 __ 21

비(Rain)처럼 __ 22

서랍장 일기 __ 23

우산 __ 25

하루해가 __ 26

담을 넘다 __ 27

해운 촌 __ 28

새장 __ 29

뒷모습 __ 30

못 __ 31

작업실 __ 32

사진 __ 33

김삼문 네 번째 시집 **추월선**

제2부
개미의 반란

모래알 같은 영혼 ___ 36

꽃이 피었습니다 ___ 37

정오에 시간이 그리움 되어 ___ 38

가상공간 ___ 39

중앙동 2번 출구 ___ 40

얼굴 ___ 41

중절모자 ___ 42

한낮 ___ 43

각설탕 ___ 44

누런 이빨을 드러내고 ___ 45

팔월과 구월 사이 ___ 46

신호등 ___ 47

개미의 반란 ___ 48

차례

공원에 아침이 ___ 49

옥외계단 너머에 ___ 50

일주일 ___ 51

저녁 ___ 52

바둑 ___ 53

사이 ___ 54

개미처럼 살지 ___ 55

김삼문 네 번째 시집 **추월선**

제3부
**모래알 같은
기억들**

모래알 같은 기억들 __ 58

케이크 __ 59

고운 눈빛 __ 60

몽타주 __ 61

꽃다운 나이 __ 62

그림자 __ 63

복도에 문 __ 64

매일 __ 65

목소리 __ 66

수집가의 눈 __ 67

둥근 지구를 잇다 __ 69

계단 __ 71

독도등대 __ 73

차례

손 __ 74

어깨 __ 75

일반통행로 __ 76

어깨에 멘 가방 __ 77

기울어져 피는 꽃 __ 78

술잔이 그렇게 오더라 __ 79

Take Out 커피를 마시는 그가 제비를 닮았으면 __ 80

김삼문 네 번째 시집 **추월선**

제5부
녹이 슨 관절

잡초답게 __ 84

민낯에 __ 85

보룻고개 __ 86

외투에 따라나선 봄 __ 87

해수면이 잠기면 __ 88

들꽃 __ 90

수줍음이 터졌다 __ 91

이탈한 음 __ 92

고요 속에 유영할 때 __ 93

외투는 봄이 틀리고 __ 94

호박 __ 95

동백꽃 __ 97

어둠 __ 98

화환이 멀어질수록 __ 99

동백섬 숲 __ 101

평론

18K 금빛 삶의 이정표 ｜ **김성수** 시인 __ 104

볼수록 예쁘다 꽃처럼 ｜ **정순계** 교수 __ 112

김삼문 시집
추월선

서랍장 기도처는

아래층으로 갈수록

위로 향하는 눈높이 사랑을

컴퓨터 부팅이

눈높이 사랑을 저장하고 있다

서랍장 일기로

– 제1부 '서랍장 일기' 중

제1부
서랍장 일기

표지판

당신은 녹슬지 않습니까

당신 같은 세파가 말을 걸어와도 한결같은 당신

18K(75%)금 순도처럼 금빛 글자는

녹이 슬지 않은 당신입니까

당신같이 한결같은 좌표는

구름에 채석되어도 그 자리 입니다.

지칠 줄 모르고 흘러가렵니까

그러면 당신은

낮은음으로 말을 걸어오겠지요

아파했던 몸이라도 표지석 그늘막이 되라고

아니 가렵니다

당신이 내어준 또렷한 글이 거미줄처럼

촘촘히 엮이고, 볶이고, 혼란하게 사는 것이

왕거미 같은 집을 지을까 봐 아니 가렵니다

그런 세상에 당신이 사시렵니까

말 못 하는 표지판에 거미가 찾아들면

그림자를 낳고 순수타령이다

마치 왕 거리가 왕이라도 된 듯

순도 높은 금빛 글자에 꼬리를 자르고

표정 짓는 나뭇가지 끝에 아슬함이 걸린다

축 늘어진 표지판 그림자

한결같은 줄이 한결같은 물방울이 한결같은 당신에게

말을 걸어오는데 당신은 어찌하려 합니까

당신은 녹슬지 않으렵니까

가위바위보

셋이 모여 나이를 씹었다

동심은 그때나 지금이나
목소리 큰 그놈이 원을 굴렸다

태극기 펄렁이면
릴레이 바통을 들고 뛰었던 것처럼
점심 특선 광고지 한판 대결
가위바위보
승부로 배를 채우자고 제안했다

눈치도 여전히 빨랐다
가위바위보
주먹을 불끈 쥐고 눈치껏 빠 외쳤다
한 친구는 손톱이 시커먼 손바닥을 펼쳤다

다시 내민 손이 추월선
가위바위보
목소리는 더 커졌고
가위바위보 서로 눈치를 마셨다
손놀림은 늦을수록
가를수록 동심이 털려 나이를 세고 있다

가족사진

액자에 묻은 파리똥이
내 얼굴에 점을 찍어 놓았다

바래어가는 피사체들이 구름처럼 선을
지운다

거미가 긴 시간을 늘어뜨리고
아래로 내려오기도 한다

얼굴이 간지러워도 손이
움직이지 않는다

얼굴이 바래지도록 웃고 있다

동백섬

서로 높이가 다른

나무숲이 섬을 에워쌌다

섬은 그대로인데

나무숲이 섬을 키운다

나무숲에는

동백꽃들이

짙은 혈연을 에워싸고

섬은 동백나무를 끌어안고

파도를 견딘다

동백의 붉은 입이

대신 아파하느라

나무마다

아아아

비명이다

아가미 퍼즐

물속을 가른다

양쪽 아가미가
가려는 숨 꼬리를 물고
뱉으려는 퍼즐에 방울방울 거품이 인다

물살이 거칠수록
양쪽 아가미가 가르려는 속살을 드러낸다
물속 가르마를 타고
아가미가 아가미를 이어놓는다

잠에서 깬 그들도
실핏줄이 열리고 실핏줄이 닫히는
언쟁 놀이
양쪽을 이어놓으려는 물살이 출렁인다

출렁거렸던 물살은 윤슬에 반짝이고
한 길 물살을 내어준다

아가미

아가미는 수문이다

닫힐까 봐 물살을 가르고

숨이 들락날락한다

숨비소리 멈출까 봐 퍼지는 물결 따라

휘바람 숨이 퍼져나갔다

아가미는 퍼져가는

흔적을 지우는데

양쪽 아가미가 섬을 이어 놓았다

모래알은 섞이어서

둥글게 흐를수록 웃는 강물도 해녀 숨을 쓸어 갔다

두 아가미가

둥근 세상을 몰아 쉰다

타다만 그리움이

스위치가 하루해를 붙잡는다

그의 빛은
한쪽으로 기울어져 빈틈으로 산다
그를 따르던 어둠
기울여진 스위치 무명처럼 빛난다

스위치를 켠
퍼즐 같은 빛이
선으로 채워지지 않은 틈에 서성인다

처음부터 평탄하지 않아
까맣게 물든
타다만 그리움이
선을 타고 어둠 속에 빛나고 있다

틈과 틈

먼 기억 하나가 졸고 있다

하나의 기억이 완성되기까지
여러 틈에서
다른 기억 하나를 지워야 했다

까만 머리, 흰머리 지어지지 않으려고
층층이 뿌리를 내리고 있다

틈과 틈
저장하려는 공간 속에 반복되는 일상
머릿결이 바람에 흔들리듯

조합하려는 언어가
까만 머리 흰머리 될 때까지
틈과 틈에서 오늘을 태우고 있다

스위치

두 선이
평행선을 그린다

한 선은 붉고
한 선은 파랗다

담장 입꼬리에 장미가
빨갛게 물려있고
파란 줄기가 고독처럼 길다

5월이 준비되었다

웃는 얼굴로
어둠을 상영했다

비(Rain)처럼

눈물이
비처럼 떨군 사연으로 운다

대기의 수증기가
한 방울로
하강할수록 낯선 곳으로 모였다

퍼져서
낮은 곳으로 흘려서
강을 만나 바다를 부르듯

흐느껴 우는
빗방울로 가슴 속에 파고드는 조각들이
비처럼 출렁거리는 길을 찾는다

그로 향한
퍼즐 같은 사랑이

쏟아지는 빗방울 조각조각
그리움을 포개어 흐른다

서랍장 일기

책상 서랍장 때 묻은 일기

여러 선으로

컴퓨터 메모리가 저장 되었다

의자는 삐걱거린다

층층이

파일 이름표

먼지투성이 창문 빛을 앉히고 있다

서랍장은

의자의 눈높이로 삐걱거린다

빛은 낯선 고독을 밝히는 듯

서랍장 어둠을 지워나갔다

의자가 삐걱할수록

서랍장 기도처는

아래층으로 갈수록

위로 향하는 눈높이 사랑을

컴퓨터 부팅이

눈높이 사랑을 저장하고 있다

서랍장 일기로

우산

서로 다른 드라마를 상영한다

거리에서
들판에서
우산이 드리우는 드라마

우산 속
드라마는 한 지붕 가족

우산 속
드라마는 티격태격 빗방울 울린다

서로 다른 눈빛이
우산 속 비밀을 지워 나갔다

비가 그치면
주인공처럼 드라마를 상영한다

미지의 세상

비밀 속 빗물이 채워 나간다

하루해가

문틈으로 어둠이 걸어온다

초롱초롱했던 눈동자 눈치 없는 어둠에

눈까풀이 어슬렁어슬렁 풀렸다

하루해가

빗장을 풀어헤치고

어깨에 펴졌던 심연(深淵)*을 덮는다

까맣게 멍을 때렸다

뻗으려는 기억의 빛, 삼키려는 어둠의 빛,

심으려는 총총한 눈빛,

검푸른 파도가 일렁이는 등대 빛에

심연(深淵)*을 파헤쳤다

내면으로부터 흐르려는

일상이 틈으로 걸어간다

---

* 심연(深淵) : 물이 깊은 못, 소로 빠져나오기 어려움 비유

담을 넘다

콘크리트 벽의
안과 밖은 달빛과 열애 중이다

담을 넘다가 멈춘 장미는
검붉은 빛에 싸여있다

별빛에 찔린 가시가 철조망을 친다

겹겹이 싸인 눈꺼풀을 열고 뜨거운 장미가 담을 넘는다

담을 넘다가 웃는 것 같기도 하고 우는 것 같기도 한
장미가 어두운 밤이다

달을 희롱하는
장미꽃이 완성이다

해운 촌

양파가 한 겹씩 감싸듯이
둥글게 싸인 아파트 층층이
둥근 바람이 펄럭인다

한 겹 한 겹 모두 껍질이다

꽁꽁 싸인 속살이
둥근 껍질이다

속이 없어서 속을 알 수가 없다

층층이 두른
뭉게 구름처럼
한 덩어리의 껍질은
완전하다

칼이 가로지른 사연들이 무너지지 않는다면
양파가 아름다운 것처럼

새장

새장으로 가는 비상계단은 셀 수가 없다

엄지손가락이 익숙한 숫자를 누르면 완성이다

비상구의 은은한 빛이 내려앉은 16호
조합된 숫자를 누른다

새가 운다 배터리를 교환해주세요
새가 울다 그치면 완성된 숫자가 이탈이다

대답이 없다 이탈이다

날지도 못하면서 나가는 숫자를 조합했는지
비상계단이 투영한 빛만 깜박거렸다

숫자가 탈선일까?

갇힌 새가 이탈일까?

고즈넉하게 물든 안식처에 온기를 마신다
나지막하게 들려오는 여보 미안해

뒷모습

시월은 후렴이 길다

울긋불긋 실핏줄을 드러낸다
나뭇가지에 한 잎이 떨어지지 않으려고
짝짓기 한 쌍을 물들인다

새는
한 잎 물든 잎처럼 분홍빛 날개를 펼쳤다

새만 날 수 있는 걸까?

뒷모습은 날 수가 없는 걸까
오색이 수 놓은 잎새가 속삭인다
한 잎 두 잎
노랫가락이 흥얼거려 후렴을 펼쳤다
낙엽따라 가버린 사랑

못

머리가 둥글고 크다

끝은 뾰족해 위협적이다

긴 몸체는 둥근 원형으로 머리를 인다

스스로 바로 서지 못해 누워있다가

큰소리로 핏대를 올리면

두 개의 큰 동백이 심장으로부터 순환한다

머리가 커서

끝이 뾰족해서 지구를 횡단하듯

누군가 머리를 내리치면 바보같이 바로 선다

지구가 탈선이다

자기보다 나약한 몸체에 깊숙이 스며든다

실핏줄이 기억을 잃는 것처럼 녹이 슨다

못대가리는 영문도 모른 채 반짝이고

녹슨 심장을 깨운다

작업실

똑똑 두드리면
기타 줄 손끝이 튕기는 음이 작업실에 흥건하다
다섯 기타 줄이 하얀 이를 드러내고
안녕을 연주한다

한쪽 귀로 이명처럼 따라온다

약지 손가락으로 기타 줄을 퉁긴다

구석에 쌓인 고요가 하나하나 일어나
음악에 젖는다

작업실이 커다란 귀가 되어 리듬을 탄다

사진

스마트폰 카메라로 구도를 잡는데
책상에 놓인 책들이 걸어 다닌다
한쪽 눈이 겨우 순간을 포착했다
책이 멈추었다

벽에 붙은 글이 자꾸 도망간다

책을 펼치지 않아

눈을 뜨지 않아
모를 일이다

긴 호흡을 가다듬는다
검지가 떨고 있다
책상에 붙은 사진이 카메라 렌즈에 앉아
자책이다
책상이 추웠지요
순간을 건넨다

지난 여름날이 와르르 쏟아져
가늘 날 한 장에 사진 속 주인공을 찾는다

김삼문 시집
추월선

서로가 물고 물리는 모방은 계속되었고
개미의 반란은 한낮에 햇살이 중재하는 듯
꼬리에 꼬리 물었다
누를 위한 반란인가?
발바닥 일방통행은 개미의 패장 병으로
나무 그늘 평화가 깨졌다

- 제2부 '개미의 반란' 중

제2부

개미의 반란

모래알 같은 영혼

모래알 비명이 쓸려갔다

모래알 같은 몸부림
차지하려는 것과 쓸리지 않으려는 일상
파도처럼 출렁거렸다

모래알 같은 영혼이 밀려온다

파란 하늘 같이 흘러간 운명의 갈림길
바람 같이 떠돈다
구름 같이 구른다

저편 오륙도가 가물거리고
왔다 가는 썰물처럼 그리움이 몰려온다
쓸리지 않으려는 모래알같이
잊히려는 영혼이 거친 파도에 쓸려간다

영문도 모르는 갈매기 푸드덕
불꽃같이 타오른 창공을 가른다

꽃이 피었습니다

꽃이 피었습니다

순결을 지켜내듯이 한 송이 꽃이 피었습니다

나비들만의 향기는 아니었습니다
콧등이 실룩거려 꽃 같은 입술을 맞추었습니다

꽃송이 하나같이 피지는 않았습니다
채울 수 없는 영혼 같은 꽃 몽우리로 지었습니다

채울수록 꽃잎은 터트리지 않고
향기로 품을 수 없는 꽃으로 피었다 갔습니다

숨기려는 차가운 유혹도 하나씩 채워져 갔습니다
하나 남은 퍼즐을 맞추는 듯
때늦은 이별을 고하고 말았습니다

꽃 몽우리가 서성거리는 봄이 오는 길목에서
꽃으로 피렵니다

정오에 시간이 그리움 되어

오른쪽으로 기울어 원을 그린다

기울기가 다르지만
초침이 분침을 만나는 인연으로 산다

셋이 마주 보면 정오가 시작이다
저항도 없이, 이탈도 없이
다툼도 없이 서로가 닮아간다

원을 그리지만 하나보다는 셋이
셋보다는 하나가 멈추지 않으려는 정오에 시간

푸른 바다 한가운데 나의 눈빛이 멈춘다
지그재그 햇살을 가르는 해양선
방울방울 퍼지는 물결처럼
남겨둔 그리움이 조각들로 펼쳐진다

가상공간

디지털 공간에 공간을 채울수록
클릭 수가 눈처럼 쌓여갔다

콘텐츠 클릭이 화면으로 탐해서
플러그를 뽑았던 기억이 졸고 있다

화면이 틀리는 듯
클릭했던 연산 숫자로부터 화면을 이어놓는다
월드와이드웹 파일이 헤쳐모여
여러 콘텐츠 장바구니로 담아졌다

가상계좌를 클릭한다
고백한다
몇 번지
빈 곳간을 채워달라고

중앙동 2번 출구

산은 바다를 메어
내어주는 속살에 아파하지도 않았지요

흰머리가 뽀송뽀송하게 싸이면서
까까머리 바람처럼 품어주었지요

돌, 모래, 흙, 시멘트가 쌓여
중앙동 1가에서 7가 빌딩 숲이 완성되었지요

항구는 뱃고동 장단에 시간 가는 줄 모르고
파도 같이 출렁거리며 삶을 노래했지요

중앙동역 다음 자갈치역 4번 출구
타다만 까만 추억을 꺼내 놓고 말았지요

흰 파도에 쓸려만 가는 뱃머리
술잔에 기울이는 그리움이 되어 항해하네요
말 없는 아버지
뱃고동이 울려 퍼지며

얼굴

바다에 순수가 빠졌다

파도가 출렁이면
볼그스레한 소녀 볼이 비쳤다
초롱초롱한 눈망울이
하얗게 일렁거려 윤슬같이 빛났다

알 수 없는 바닷속
그를 닮아가는지 저녁 노을빛이
물들어

가르마를 탄 나도
가장자리로 밀려드는 파도처럼
순수 빛이 출렁인다

한동안 일어설 수 없는
순수 바다

중절모자

지팡이를 꼽은 나무가
천년 푸른 모자를 쓰고 있다

하나 같이 뿌리로부터 맺은 연
나뭇잎이 푸르게 나불대면
푸르게 자란 나도
반세기 모자를 쓰고
중절모자 지팡이를 찾고 있다

나무 둘레가
나이테 라인으로 커가지만
사계마다 다른 옷을 입고
멋스러운 모자를 벗고 있다
수줍어서 기댄
청춘 라인이 익을수록
틀어내고 새싹을 틔우는 나무처럼

새 청춘이 오는지

한낮

키가 다른 나무가 삐죽거린다

창문에 파란 모자가 걸렸다

경계선이 흥정이라도 하는 듯
초록 선을 그려놓는다

풀벌레는 퍼즐을 맞추는 듯
목청껏 우는 법문에 잎들이 춤춘다

누런 이빨을 드러내고
한들한들한 잎들이 한반도를 그려놓는다

이파리마다 파란 모자를 쓴
그림자가 한가롭게

숨겨두려던 한낮
서로 다른 한 페이지로 속삭인다

각설탕

사탕수수 당분이 혈관으로 침투하기까지
녹색 빛이 흰색으로 응고된다
혈관은 당분만 필요한 것이 아니지
지방, 탄수화물, 단백질 섭취로 뇌가
과다한 욕심이 빙둥댄다
사탕수수는 뼈만 남아 천대를 받듯이
혈관으로 침투된
측정지수가 높으면 뼈마디만 작동한다지
당분은 처음부터 뇌가 없어
흰색으로 응고된 각설탕 명령을 기다린다
뇌 상부 지휘관은
물보다 진한 혈관 하부로부터 복종한다
한동안 왕 노릇을 했던
막힌 혈관이 펑 뚫리는 세상사
녹을수록 달콤한 너를 닮는구려

누런 이빨을 드러내고

카페 문이 열린다
까만 눈 그가
입을 떡 벌리고 들어선다

누런 옥수수 이빨을 드러내고
레이저 눈빛을 쏜다
색색 수염이 주렁주렁 흩날리고
헝클어진 머리를 쓰다듬는다

창가에 앉은 그도
입이 쩍 벌어져
시커먼 커피 향을 후루룩 마셨다

눈치 없이 미소를 줍는다
옥수수 한 알 두 알 입술이 펴지면
물장구가 흔들고 간 잔물결처럼
스쳐 간 인연이 펴져 갔다
드러내려는
가슴에 묻어두려는
한 알 한 알은 펴질수록 영글어 갔다

누런 이빨을 드러내고

팔월과 구월 사이

하얀 개가 엎드려 있다
잎이 다른 그늘 밑에서
흘러나오는 풀벌레 음률을 듣고 있다

발걸음 가만히 멈춘다

풀이 무성한 금강둑 저편
철인 3종 힘겨루기 땀이 뚝뚝 떨어진다
나루터 기계음 낮은 연주에
엉덩이 턱 걸쳐 앉았다

서천에서 부는 바람
붉은 해 돋는 천에서 부는 바람
그대로인데
꿈속 같은 방방곡곡 인연을 풀어헤친다

숲에서 마을로
마을에서 숲으로 새들이 운다
느리고
가벼운 말들이 매일은 아니지만
녹색 세상을 마중하고
흐뭇한
팔월과 구월 사이 익어갔다

신호등

파란 신호등이 깜박이면

한 걸음 두 걸음 걸어갔습니다

느릿하게

빠르게 더 빠르게

선명한 빛은 스치는 인연으로 빛납니다

길을 걷다가

빨간 신호등이 깜박이면

가던 길은 다음을 기약했습니다

신호등이 깜박거립니다

스치는 인연은 오지 않습니까

빨강, 파란 신호등이

깜박이면

당신은 오시렵니까

개미의 반란

나무숲이 한낮을 이고 있다

나무 사이 간격이 좁을수록 그늘로 산다

개미집이 폭격이다

그늘 찾은 발걸음은 개미의 반란이 시작되었고.

싸움은 일방통행이다

한동안 평화가 찾아드는 듯 개미가 발가락을 비비고

빵조각에 가난을 기댄다

모방 행진이 걸작이다

개미는 폭격으로 재건을 위한 줄을 지었고

한낮에 애가 탄 풀벌레가 지원했다.

서로가 물고 물리는 모방은 계속되었고

개미의 반란은 한낮에 햇살이 중재하는 듯

꼬리에 꼬리 물었다

누를 위한 반란인가?

발바닥 일방통행은 개미의 패장 병으로

나무 그늘 평화가 깨졌다.

공원에 아침이

신발 끝을 묶는데 어둠이 따라 나셨다
선명한 포장도로 빨강, 황색, 녹색 빛은 새벽까지 와 있다

밤새 흐른 고요
허리춤을 추고 주우려고 하는데
숲이 우거진 공원에 아침이 조금씩 새어든다

새 한 마리 푸드덕
내어준 안방에 청소부가 드문드문 남아 있는
밤을 쓸어내고 있다

어둠은 고요를 밀어내고
고요는 햇살을 귀로 담으려는 빛이 소곤거린다
파릇한 청춘이 쏟아져 나뒹군다

눈부신 공원에 아침이 익어만 간다

옥외계단 너머에

나무숲이 계단에 구르고 있다
한 계단씩 수직을 세워도 자꾸 수평으로 눕는다

나뭇가지 한 잎이 흩날려 옥외계단을 비스듬히 걷는데
수행자처럼 올라간다
일상에서 멀어질수록 새 소리가 가까워진다

파란 하늘에 범종은 어떨 때 쳐요

하얀 이를 드러내고 웃는다

옥외계단 너머에
눈으로 보면서도 알지 못해
펴져도 메아리치는 까닭을 알지 못한다

일주일

숫자 7은 6보다 크지만
숫자가 완성되기까지 6을 지나야 한다
나는 말문이 터지면서
일, 이, 삼, 사, 오, 육보다 커질 때
희열이 발동했다.

아라비아 숫자를 외쳤다
사람들 말문이 터졌다.

나는 일곱 살인데요
우리는 일곱 명이 한팀인데요

입 곱 빛 무지개가 안내했다

숫자 6은 7보다 작지만
칠보다 큰 숫자는 숫자 육으로 완성했다

나는 착실하게 일주일을 건너뛰지 않는다

저녁

모르는 사람이 가로등을 켜 놓는다

시시때때로
초침은 분침을 닮아가서 저녁에 닿는다
저녁이다, 하는 순간이 1초 2초 늘어나서 저녁은 손님처럼 문밖
에서 어른거린다

왠지 따뜻한 밥상을 차려야 할 것 같다

저녁은 쌓이지 않고 모였다가 흩어지는 낙엽 같기도 하고
빛이 점점 선명해지는 믿음 같기도 하다

곧 눈이 흩날리면
밤으로 가는 길이 환할 것 같다

바둑

생각의 맞수

검은 돌과 흰 돌이 담아갔다

웬일일까

한 수가 필요했나

흰 돌이 구석으로 몰리고

검은 돌이 지그재그로 집을 짓는다

젠장 모르겠다. 한숨은 사이사이를 이어놓았다.

한동안 반격이 없다.

눈치 빠른 그도

무승부를 걸어오기를

난처했다

구석에 있던 돌무덤이

흰 알

하나에 눈빛이 까맣다.

바둑판이 오륙 도를 그려놓았다

사이

한 걸음 두 걸음 사이 어둠이 인다

한 폭을 떼려고
한 폭을 딛으려고 그를 밟아야만 했다
굉음이 있을 것도 같은데 말이 없다

바닥이 흥건하다
뒤꿈치는 이미 흔적을 남겼고
앞쪽 발가락은 핏줄 사이 붉은 노을이 꿈틀거렸다
걸음마를 시작으로 어둠을 촘촘히 밀어내고
보폭이 커질수록 바람은 불었다

걸음이 완성이다
햇살이 퍼질수록 보폭은 빨라졌고
어둠이 내일수록
완성된 걸음이 흥정했다

눈치가 없는 바람이 인다

참새가 방앗간을 서성이고 있다

걸음이 이어놓으려는 그림자를 줍고
붉은 해를 품는다

개미처럼 살지

산다는 게
무슨 재미 눈까풀이 풀린다

일상은 늘 그자리
개미처럼
줄지어 반복하기를 한다지

닳아가는 물래방아
돌고도는 세월을 흘려보내
파도처럼 출렁이는 세월을 안고 돈다

바다가 응원이라도 하듯
윤슬이 빛나기를 반복한다

삶의 언저리 담장너머
동백 꽃망울이 팡 터트린 봄날

아우성이다

개미처럼 살라고
개미처럼 살지말라고

김삼문 시집
추월선

부서지기 위해 성을 쌓고

허물어지기 위해 스크럼을 짠다

모르는 사이에 바지에도 묻고 신발 속으로

들어와 녹지 않아서

털어낸다

기억은

먼지처럼 잠깐 들어온다

- 제3부 '모래알 같은 기억들' 중

제3부

모래알 같은 기억들

모래알 같은 기억들

먼 기억이 떠내려가 쌓였다

하나의 기억 위에 하나의 기억이 쌓여도
가족이 되지 않는다

수많은 기억들이 바람에 날려도 하나의
기억은 깨지지 않는다

부서지기 위해 성을 쌓고
허물어지기 위해 스크럼을 짠다

모르는 사이에 바지에도 묻고 신발 속으로
들어와 녹지 않아서

털어낸다

기억은
먼지처럼 잠깐 들어온다

케이크

달력에 생일날 그려졌다
시간의 기억은 달처럼 기울고
밥상머리는
조기 한 마리 굽고
고사리, 시금치, 무나물 무침에 아침을 깨운다
한 가족 밥상머리는
파릇파릇한 풀 내음에 익숙한 숟가락을 물린다

두 손엔
케이크에 어린애 같은 숫자를 밝히고
한 살 더한 복된 날이 새겨졌다

밥상머리 사랑 고백
호호 부는 입김에 꺼져가는 불빛
하나둘
퍼졌던 사랑 한 점 놓칠까 봐
떠도는 세상 일기 구름처럼 흘러 구른다

고운 눈빛

두 눈빛이 앉아 있다
의자를 당길수록 소곤거렸다
두 눈빛은
하나같이 마주 보고 빛났다
지는 붉은 해
말 없는 입술에 물린다

고운 눈빛이 서로 투영한다

고백이 숙성되어
유통기간을 넘긴 막걸리처럼
낮게 깔리는 목소리를 앉히고
소복이 쌓였던 연민을 밀고 당긴다

두 눈빛엔
숙성된 사랑놀이 영화를 상영한다

몽타주

오감을 모아서 얼굴에 새겨졌다

현실이 고스란히 여백에 펼쳐졌다

세상은 가상공간으로 물드는데
그럴수록 바둑판 위의 바둑알을 닮았지
한 장에 그려진 바둑알들이 평면을 움직인다

쌓이고 쌓인 짙은 화장처럼
허구와 욕심으로 몽타주가 그려졌다
화폭엔 검은 점을 지울 수 있을 텐데
현실을 그릴수록 화장은 지어졌다.

가을 들녘 한 그루
까치밥으로 남겨둔 홍시처럼
새겨지는 오감을 그리며 살 수 있을까?

바둑판에 까만 바둑알이 묘수를
놓을 수 있을까?

꽃다운 나이

꽃 몽우리 손을 잡고
대전 엑스코 줄지어 꽃을 피웠다

2002 월드컵에 손에 손잡은 꽃이 지었다
꽃다운 나이 꽃잎은
살아온 꽃 이름 남기고 시들고 말았다

빌딩 숲에 하얀 국화 꽃송이 어머니
심장에 울려 퍼진 슬픈 가족 꽃이 피었다

꽃다운 나이 셀 수 없는
울긋불긋한 꽃잎들이 하나 같이
붉은 열매로 익어서

꽃들의 향연이 줄을 이었다

그림자

숨이 코로 들어와 나가도
그림자는 보이지 않는다
시끄러운 말을 하고 있어도
그림자는 떠들지 않는다
듣고 있어도 그림자는 눈물을 흘리지 않는다

어깨에 무거운 짐이 들썩이면
그림자는
땅거미 미끄러지는 생물이라는 것이 증가했다.

보이지 않은 바람은
그림자 없는 바람이 되어 숨을 쉬었다

긴 한숨을 내 뿜어도 그림자는 보이지 않았다
바람으로만 살고 싶을까?

한결같은 생명선엔
그림자는 말이 없고, 이름도 없이 산다
그림자는 묵묵하고 얼굴을 붉히지 않는다

한없이 숨 쉬는 그날을 위해
그림자를 낳는다

복도에 문

복도 문이 닫이면

사각 모퉁이 틈은

알만한 침묵을 틀어낸다

복도는 규격의 틈사이로 길을 내어준다

밖으로부터

안으로부터

스로의 생각이 열리는 듯

복도는 틈과 틈을 이어놓는다

닫힌 문이 똑똑 말을 걸어오면

빛과 그늘 벗이 마중을 간다

복도는 말이 없다

경계를 허물다

추월선이 잠잠해지면

안과 밖은 닫힌 문처럼 틈으로 산다

매일

둥글게 구른다

중거리 슛을 할 수 있다면

볼 때 망이 거미줄처럼 촘촘해 흔들지 않더라도

둥근 공이 볼 때를 맞고 비켜서더라도

둥근 공이 구르게 하리라

둥글어서 발등에 안성맞춤이라서

발가락 사이사이 땀들이 이글거려 냄새를 풍기더라도

구른 공이 흔들고 들어가게 하리라

눈을 부릅뜨고 마주쳐 발길이 오더라도

가쁜 숨을 쉬어 입 밖으로부터

뒹굴게 하리라

둥근 공처럼

꿈을 펼쳐다오 둥근 세상

매일 다시 내 발끝으로 구르게 하리라

목소리

산사의 타종처럼
목소리 울려 퍼졌다 돌아왔다
들이는 숨은
밖으로 언어 집을 짓고 살았다

펴졌던 목소리는
입술 높낮이 연주했다
악보는
기억을 털어내고 있다

깨문 입술 밖에서
변성된 목소리 언어들로 볶인다

변하지 않은
아, 야, 어, 여로 이어지는 말수
까만 눈동자가 세월을 줍고 있다

뱉으려는 기억의 언어가
울려 퍼져 추월선이 가물거린다

수집가의 눈

수집가의 눈동자가 여러 개로 굴렷다

까맸던, 파랬던, 노릇한 눈동자가 숲속에 꽃잎을 물들이듯 하나의 눈동자가 붉게 물든다
우거진 숲은 돌무덤을 에워싸고 푸르게 빛났다 붉은 눈동자 나를 겨냥하고 너를 겨냥하는
에스라인 키재기로 숲속엔 여러 개 눈이 홀렸다.

움직일 수 없는 돌무덤, 어두운 밤을 지새웠던 왕거미, 관능적인 이파리,
흔들리는 줄기세포가 날이 새길 원했던 숲.
붉은 눈동자가 파래졌던 눈동자로 점점 번져가는 붉은 해 흐느낌에 흔들렸고
바람이 유일한 벗이 되리라 고요를 삼켰던 숲속. 여러 개 눈마저 잠을 깨웠다

수집가가 눈을 떴다. 파래졌던 눈이 숲을 홀린다

울긋불긋한 숲엔 다람쥐가 외줄 기타를 퉁기듯 밤이 부서졌다 고요를 흩날리는

언어들로 귀동냥은 깊어졌고 표적이 된 수집가 눈은
물들어졌다 여러 눈이
언어들로 뒹구는 수집가 눈엔 한 잎 흩날리는 시상 시간이 쪼르
르 흘렀다.
수집가 눈엔 겨냥한 관능적인 이파리, 어린잎, 키재기 잎, 흩날
린 잎들이 쏟아내는
언어들이 숨죽인 숲속.
숲의 언어가 하늘에 별처럼 수 놓았던 언어들로 볶인다
한동안 고요를 마셨던 여러 개 수집가 눈엔 여러 언어로 쏟아
졌다.
파랬던 수집가 눈이 언어를 줍는 붉은 눈

둥근 지구를 잇다

계단이 층으로 산다
층은 하나의 걸음으로 보폭을 좁힌다
여러 개 걸음은 보폭을 늘렸고, 처음부터 둥글지 않았다며 원심력이 보폭을 줄였다.
한층 높이던 발끝이 지구가 둥글다며 뒷발굽을 닿게 한다
나는 지구가 둥글다며 지평선 넘어 누가 사는지 궁금했다. 아무도 보이지 않아도 지구는 둥글다 시험문제를 풀었던 까까머리 녹이 썰어 쓰다남은 농부의 지게 끈처럼 무겁게 짓눌린 흔적이 휠 끌 한 하얀 뿌리가 흩날린다
지구는 둥글다. 아무리 계단으로 증명을 하려고 해도 틀린 문제가 아니었기에 내가 지금 지구가 둥글다 시험문제를 내고 있다

한층 계단을 오르면 둥근 지구를 만날 수 있을까?

한 보폭이 평면으로부터 출발하는 발걸음 누군가 한 계단 오르면 높은음자리표 수 놓아 음악이 흐르고 높은음,
낮은음 그 자체가 입안에서 둥글게 굴렸다 지구처럼.
계단 층은 나와 너, 남자와 여자, 음과 양이 교차하듯
살아가길 원했다 나는 지구가 둥글다.
틀린 문제 그 자체로 계단을 오르며 살고 싶었다

푸른 바다가 출렁이는 수평선 너머에 누가 사는지,
무엇을 먹는지 틀린 문제로 만나고 싶었다
선생님이 점수만 채점하지 않았다면

내가 왜 양으로 계단을 오르는지
네가 왜 음으로 계단을 오르는지

난 아직도 문제를 풀고 있다. 계단이 층층으로 평면으로 마치
수평선 넘어 누가 사는지, 무엇을 먹고사는지
아직도 문제를 풀고 싶은 계단을 걷는다.

계단

계단을 오르면
둥근 세상을 만날 수 있을까

콘크리트 단단함이
층으로 둥글게 구른다

단단한 그도
층층이 둥근 세상을 잇고 있다

층이
숫자를 세고 층층이 구르고

한 걸음이
한 걸음이
중심축을 흔들기 시작했다

둥근 지구가 기울기 시작했다

한쪽에 희열이
한쪽에 희열이

또 발걸음을 내딛게 했다

단단한 그도

세상을 둥글게 지구를 감싸고 있다

오르는 그도

내려오는 그도

무거운 짐 어깨에 메고 층을 쌓고 있다

평평한 세상이 끌어안는 단단함이

한동안 말이 없다

눈 부신 햇살이

안녕, 이라고

콘크리트 계단을 오르고 있다

독도등대

목이 타요

물을 마셔야 해요

화산암 깊은 숨소리가 잠을 깨웠다

파랬다

파도에 부서지고 빗물에 씻기기에 출렁인다

독도이사부길 63번지 독도등대

하나 빛이 대한민국

오래된 그릇일수록 잔향이 깊듯이 등대가 빛났다.

화산암 89개 섬

석공들의 창작품인 듯 용암분출 그날부로

독도는 우리 땅, 새 생명이 살고 있다.

새 생명은 오늘도

괭이갈매기 알을 품는 어미 새처럼

자유와 민중의 소리 하늘 높이 나르고 새겨낸다

위풍당당함 그 생명

샘물처럼 솟아난 정이 세계 속에 흐른다.

손

손은 최초의 자산이다

어린 손이 크면서 씻기어 자라났다

손은 주름살이 계급이다

손 검버섯이 들꽃처럼 피면

초가집 고드름이 녹듯 시간이 펼쳐졌다

손마디에 여러 핏줄이 자랐다.

손가락은 무지갯빛 손톱이 붉게 물들고

여러 실핏줄 뿌리로 굳은살이 득실거린다

잔주름엔 이긴 세월이 없고

엄지 손을 누르면 심장이 아팠고, 약지 손이 부으면

아팠던 세월이

정으로 볶인다

손에 검버섯 시간이 포개져

남은 세월을 세고 있다

어깨

생각이 어깨에 걸렸다

어깨에 맨 고독은 양팔이 흔들려야 멋이 났고
어깨에 나를 메고 오를수록

녹이 슨 어깨가
자네 생각을 주어 봤는가?
왜, 저의…….
그럼 자네 총도 메어 봤겠는데
녹이 슨 어깨가 녹슨 생각을 줍는다

그 양반 성질도 쪼여지는 나사못처럼
한쪽으로 생각이 쪼여져 갔다
한쪽 생각은 쪼일수록 삐걱거려 흔들렸다

어깨에 흔들리는 양팔이
생각에 생각을 줍고서 멈추지 않은 흔들림
어깨에 생각을 메고 걷는다

한쪽으로 녹이 슨 어깨가
양쪽 어깨에 생각으로 생각을 펼친다

일반통행로

서로 높이가 다른 빌딩이
골목을 애워쌌다

진입로가 일반통행이다

차들은 꼬리를 물고 뒤를 따라
일반적으로 간다

공이 일방적으로 굴러가듯이
일방은 타오르는 촛불처럼 간다

표지판은 꿋꿋이 한 방향을 지시한다

검정 자가용 안 지시등도 한 방향으로 간다

지시어에 익숙한 보행자가
화살표 앞에서 망설인다

어깨에 멘 가방

어제는 비 소식에 강이 미치도록 고요했다

오늘은 맑아지겠지.

기대보다 어깨에 멘 가방이 시계추처럼

왔다 갔다 했다

시계추는 좌에서 우로

비는 위에서 아래로

나는 앞으로 가다가 멈추곤 했다.

앞만 보고 오는지 달리는 말굽같이 점점 가까이

투덜대고 뒤따르다 건널목에 선다

어깨에 멘 가방이 열두 시 방향을 가리킨다

황색등이 깜박일수록 뒤따르는 가방이 멈출 줄 몰랐다

파란 등이 깜박깜박

등 뒤에 새겨진 한 글자를 훔친다

시곗바늘처럼

멈추지 않고 신속배달로 잘살아본다고.

뿌연 연기를 뿜어내고

어깨에 멘 가방을 툭 치고 빗속을 헤맨다

기울어져 피는 꽃

바람이 함께 기울어지는

오래된
바위틈에서 몇 겹의 어둠이 데리고 나온 꽃

단단함을 한번 돌아서 휘고
척박함을 한번 돌아서 휘고
바위 오른쪽으로 비치는 빛을 따라 또 한 번 휘어서
뿌리는 몇 번을 꿈틀거렸는지 모르겠다

꽃이네

온몸을 기울여서 맞이한다

나의 까만 눈동자가 나비처럼 내려앉으려고
같이 기울어진다

술잔이 그렇게 오더라

빈 의자가 체온을 채울수록 눈치 싸움이 시작되었다

머리끝이 흰 순으로 잔을 차지했다
의자가 삐걱거렸다
갈색 염색이 물든 고개가 끄덕이면
술잔이 그렇게 오더이다
그리움 되어.

우리가 솔잎처럼 푸르게 살았지?
하얀 눈이 내리면 강아지도 어찌할 줄 모르듯
눈을 지그시 감고 입을 맞추었지!
내렸던 눈은 야속하게도 흔적을 지었고
애써. 꿈을 꾸었다고
오늘도 마중을 간다지

빈 잔에 거품 같은 시간
청춘을 허우적거리고
채울 수 없는 술잔이 그렇게 오더라
봄이 오면 꽃이 피듯이

Take Out 커피를 마시는 그가 제비를 닮았으면

3호 차 A석 예약을 했다
터치스크린에 숫자가 지워졌다 쌓였다

스마트폰 알림이 기차역을 향했다
B석은 누군가를 기다리고 있었고
나는 앉아서 멍을 때렸다

Take Out 커피를 마시는 그가
제비처럼 걸어간다

두 눈이 창문에 앉아 제비 입꼬리처럼
웃음 집을 짓는다

바깥 창문에 봄 향기가 맺히는지 눈꼬리가 웃는다

Take Out 커피 향이 앉는다

초가집 밑에 집을 짓는 제비같이

두 눈동자가 집을 짓는다

커피 향이 남아 있는 듯 두 눈이 까맣다

맑은 웃음을 건넨다

훨훨 떠난 그의 제비집에 봄날을 기다린다

김삼문 시집
추월선

돌 틈에 펄석이는 파도

경계를 허물고 있다

붉은 해여 밝아오라고

- 제4부 '잡초' 중

제4부

녹이 슨 관절

잡초답게

기울어진 돌 틈에 잡초가 터를 잡았다
어둠이 기울어졌다
캄캄한 기억이 파릇한 잎에 물들어 눕는다

海雲臺
석각에 카메라 렌즈가 번쩍이고
잡초 잎에 두 동공이 앉는다
어둠이 내려 앉아
붉은 동백꽃 향기에 눕는다

잡초 찾은 나그네
어둠이 품은 동백꽃
기울어야 제멋이다
렌즈에 담는다

돌 틈에 철석이는 파도
경계를 허물고 있다
붉은 해여 밝아오라고

민낯에

하얀 눈꽃이 민낯에 쌓였다
눈꽃이 쌓여 잔주름이 웃다 녹았다

민낯은 눈꽃을 닮아서 털어내고 있다

눈꽃이 봄날처럼 흩날린다
불그스레한 볼이
한 잎 두 잎 틀어낸 사과 같이 곱게
피부가 세월을 낚는다

봄날 꽃대를 밀어 올려
사과 꽃은 민낯 같은 피부를 닮아서 하얗게 볶이고,
푸르게 영글어 피부 잔털 같은 순수에 고개 떨군다

사과 꽃은 봉우리가 쌓여야 제멋이다
민낯같이 허리춤을 추어도 제멋이다
금낭화 등처럼 굽은 꽃대가 복주머니 등불을 밝히듯
봉우리가 영글어
어머니 그리움 같이 주렁주렁 열렸다

민낯처럼 볼그스레한 사과 하나 그려졌다

보릿고개

굳은살이 젖꼭지를 문지른다

입몸을 물린다

두 심장이 하나가 된다

펴졌던 구름이
화전 밭 일구어 보릿고개를 넘는다

채워지는 눈 웃음이
어머니 가슴이다

채워지는
오장육부 이순 나이 타령
시간 가는 줄 모른다

대답 없는
어머니 사랑에 잠이 듭니다

방귀 소리 애달픈 사랑
어머니 밥상이 아침을 깨웁니다

화전 밭 보릿고개 막걸리 한 잔
아버지가 마중을 나오신다

외투에 따라나선 봄

목이 오리털로 주름살을 에워쌌다

목젖이 드러날수록 봄이 틀리고
에워싸인 외투가
한 겹씩 털어내려는 살갗에 옷자락이 움츠린다
겨울나기
발걸음은 소처럼 껑충껑충

세탁소 아저씨가
꿉꿉한 내음을 씻어내는 듯
소맷자락은 어린애처럼
회전목마를 타고 함박웃음 짓는다

빨랫줄에 앉은 고운 햇살이 봄을 재촉한다

어깨춤을 춘다

단추 구멍이 구석구석 봄바람을 마신다

주름살이 햇살에 눕는다
나이는 숫자에 불가하다고

해수면이 잠기면

눈꽃의 숫자가 있을까?

찬 공기는 눈치로 먹고산다지

논쟁으로 녹는다

얼었던 눈꽃이 녹으면

해수면은 숫자가 옹송그린다

해수면이 잠기면

해풍이 떠미는 바닷가

주인 없는 라면 봉지를 줍는다

알 수 없는 숫자들이 쏟아졌다

숫자를 가진 봉지, 이끼 낀 몽돌

뭉치려고 하면

파도에 쓸려 서로를 뭉치게 했다

숫자가 느릿해지면

섬은 수면에 잠겼다.

라면 봉지 처방전이 느릿 해졌다고

쌓였다가 눈꽃이

얼어서 펭귄이 하품한다면

지구가 둥글다고 펭귄이 웃겠지

들꽃

창백한 얼굴로 잡초 턱에 걸려있다.
이 꽃이 너라면
이름을 불러 줄까?

금방 비라도 내리면
자리다툼으로 빼기지 않으려는 모양새다
나는 카메라 렌즈에 잡힌 한 송이 들꽃
너처럼 살고파 이름을 불렀다

금새 밟은 것 같은
렌즈 속에 욕심이 득실거렸고
흔한 들꽃이라고
누가 부르지 않은 들꽃이라고

한 송이 삐질듯한 향기가 퍼졌다.

꽃송이로 시들고 망가지지 않는
나만의 향기라고
처음 보듯 앳된 들꽃을
축복 된 날들로
여러 해 편지를 띄었다
안녕이라고

수줍음이 터졌다

손을 삐딱하게 든다
선생님 일란성 쌍둥이가 왜 나와요
말소리가 작을수록 쑥덕거렸다

미사일을 쏘아 올린 사내애
달나라 궤도를 돌고 있다
느릿한 메아리는
한 개의 난자가 한 개의 정자를 세고 있다
킥킥, 궤도를 이탈한 굉음이
서로의 동맹처럼 크기만큼 찢어졌다

공기가 찢어져 눈치 맛을 본다.
빠른 그가 줍는다
셀 수 없는 웃음이 지휘했다.

수정란 질문이 터질 듯
서로 다른 연주를 한다

찢을수록 서로의 수줍음을 줍는다

이탈한 음

성난 파도가
저 멀리서 구름처럼
고독이 낳은 뒷모습으로 몰려온다

파도가 숨을 쉬면
윤슬은 반짝이는 음표로 다가왔다
뒷모습에 애가 타는 엇박자로 눈물이 고였다

구름에 가려진 그들도
성난 파도에 울부짖는 그들도
리듬에 키재기를 한 이탈음이다
노랫가락은
한 옥타브 늘어질 때마다
뒷모습이 되돌아보는 그림을 그렸다

모래알처럼 사르르 흩어졌던
그 야릇한 시간이 몰려오는 소리
허연 파도만이 쓸어 담는다
애써 이탈하려는 음을 붙잡고
짙은 화장을 지워나갔다.

지울수록 수평선 그 너머
뒷모습 음표가 쌓여만 갔다

고요 속에 유영할 때

허들판에 한가로운 꿩
모이주머니 채워질 때
매 날갯짓에 허공을 가른다

허기를 달랜 날쌘 몸짓이 하늘에 수 놓았다

고였던 물은
섞이며 흐르려는 듯 한 폭의 수채화

버들강아지 회색빛
저녁노을이 풍덩 잠겨 물살을 인다

수 높은 그들도
어둠을 삼키고
입꼬리가 실룩거린다

고요 속에 유영할 때
강물을 거슬러 언어 떼가 알알이 눕는다

졸졸 흐르는 잔물결이 강바람을 마신다

외투는 봄이 틀리고

복숭아나무는 틀릴 것이 없는지 외투를 걸치고 있다
거추장스럽게 걸쳐서인지
가지에 봉오리 입꼬리는 햇살에 펑

외투는 봄이 틀리고

꽃 한 잎이 뿌리로부터 심장이 된다
어깨로부터 걸쳐진 외투가 양파껍질처럼 속살이 드러냈다

뿌리로부터 터트린 복사꽃은

피기까지 세월이 그려졌다.
그도 뒤질세라 외투를 입는다
푸른 잎 노랗게 물들이면 옷을 벗는다

외투는 봄이 틀리고
뛰는 심장을 끌어 안는다

호박

누렇게 들판이 익으면
땀은 세월처럼 고개숙인다

덜컹거리는 버스에 호박이 뒹군다
들판에 메뚜기가 뛰고 개구리 울음은
가을 들녘을 재촉한다

단발머리 소녀가
분홍빛 입술을 틀어낸다

언덕배기 오두막집
소녀를 담은 누런 편지를 띄운다

한동안
누런 이빨을 드러내고
I LOVE YOU
꼬부랑 단어를 가슴애 새긴다

긴 머리 소녀가
여기는 호박 마을이라고

노랫가락처럼 안내양 목청은 신이 났다

계절 마다 호박이 누렇게 익어

캄캄한 밤을 지새운다

세월이 포개져 호박꽃을 피었다

그를 닮은 호박이 누렇게 익는다

소녀는 아직도 오지 않았다

동백꽃

푸른 잎은

하나의 뿌리에 여러 가지로 청춘이 자라서

팡 터트린 어린 자리를 차지했다

브래지어 끈이 풀리듯

한 잎이 터질 것 같은 수줍음이 팡 털려

파란 청춘이 내려 앉는다

한 잎은 시들어

한 잎은 찾아든 나비가 되어

어둠을 쫓고 있다

파란 잎 사이 동백꽃

분홍빛

수줍은 입술을 깨물고 있다

꽃향기

꽃다운 꽃길에

수줍음이 털려 중년의 꽃이 푸른 잎을 그리워 한다

어둠

어둠이 가늘게 병실을 드리운다

심장은 붉게 흐른다

가느다란 종아리
회전축은 피부 밖으로 튀어 오른다

득실거리는 아픔이 고통을 대신한다

어둠은
검푸른 파도처럼 부서지며

피는 붉어서 흐를수록
피는 탁해서 흐를수록
까만 눈동자 샘이 마르지 않는다

밖은
느릿하게 걸어가는 그림자가 드리워 진다

어둠은 간절한 기도로
온몸을 파고 든다

화환이 떨어질수록

꽃들이 서로 다른 얼굴로 웃는다
서로 다른 향기에 웅성웅성 사람이 모여든다
꽃길 같은 길을 따라나선
개구리가 올챙이 기억을 내뿜는다

눈이 큰 그도
다른 세상엔 아직 숨이 남아있는 꽃
그늘에 숨는다

모습이 다르게 모여든 그들도
화환에 촘촘하게 꽂힌 꽃송이에 웃는다

서로 다른 생명선이다

떨어지지 않으려는
개구리가 꽃송이에 폴짝 뛴다
서로 다른 모습이 떨어지지 않으려고
혼인서약을 하고 있다

꽃잎이 더 웃어주길 교차한다

줄지은 화환이 멀어질수록

남은 숨을 고르는 시간은 비밀에 틀린다

모습이 다르게 모여든 그들도

개구리가 올챙이 시절 기억으로 찾아가듯

서로의 축하 파티가

신혼 첫 행진으로 생명선은 타고 있었다

동백섬 숲

높이가 다른
나무숲이 빌딩숲 밀어낸다

숲은 그대로인데
빌딩 숲이 서로를 품고 있다

숲에는
꼬리를 물고 나무들이
화려한 그들만의 숨소리로
파도를 품고 속삭인다

에워싸고자
차도는 꼬리를 물고
지그재그 득실 거리는 욕심이 틀린다

서로 다른 낯선 숲이
비밀이 털리는 듯
동백섬 숲에 새들이 춤을 춘다

김삼문 시집
추월선

> 평론

18K 금빛 삶의 이정표

월성 김 성 수

18K 금빛 삶의 이정표

월성 김 성 수
(시인, 전 동의대학교 전자공학과 교수)

　시인은 「표지판」에서 24K 순수 금 대신에 18K 합금으로 우리의 인생을 반추하고 있다.

　순금으로 말하는 24K는 단순히 자연에서 가져오는 것이지만, 18K는 재료공학적 기술을 가미해서 순금보다 더 빛나고 더 단단한 금을 만들어내는 것이다. 시인은 인생의 빛날 그 날들을 순금 대신에 18K 금으로 대신 하는 것이다.

　당신은 녹슬지 않습니까
　당신 같은 세파가 말을 걸어와도 한결같은 당신
　18K(75%) 금 순도처럼 금빛 글자는

녹이 슬지 않은 당신입니까
당신같이 한결같은 좌표는
구름에 채석되어도 그 자리 입니다
지칠줄 모르고 흘러가렵니까
그러면 당신은
낮은음으로 말을 걸어오겠지요
아파했던 몸이라도 표지석 그늘막이 되라고
아니 가렵니다
당신이 내어준 또렷한 글이 거미줄처럼
촘촘히 엮이고, 볶이고, 혼란하게 사는 것이
왕거미 같은 집을 지을까 봐 아니 가렵니다
그런 세상에 당신이 사시렵니까
말 못 하는 표지판에 거미가 찾아들면
그림자를 낳고 순수타령이다
마치 왕 거리가 왕이라도 된듯
순도 높은 금빛 글자에 꼬리를 자르고
표정 짓는 나뭇가지 끝에 아슬함이 걸린다
축 늘어진 표지판 그림자
한결같은 줄이 한결같은 물방울이 한결같은 당신에게
말을 걸어오는데 당신은 어찌하려 합니까
당신은 녹슬지 않으렵니까

— 「표지판」 전문

18K(75%) 금 순도처럼 금빛 글자는/
녹이 슬지 않는 당신입니까/

    시인은 스스로 묻고 있다.
    세파에 잘살고 있는지 확인하고 있다. 나는 시인을 조금 안다. 유년기를 지나 만났다. 인터넷 혁명 두루넷 현실 속에 25년 세월을 함께 했다. 옆에서 지켜보았을 때 시인이 단순한 금인 줄로만 알았다. 다재다능함에 있어서 펼쳐도 펼쳐도 끝이 없는 금처럼 상상을 초월했다. 끝이 없는 24K 순금인 줄 알았다.

당신같이 한결같은 좌표는/
구름에 채석되어도 그 자리입니다/
지칠 줄 모르고 흘러가렵니까/

    시인은 학생을 가르치는 교수이다. 시를 접하면서도 모임에서는 회장이고, 아마추어가 꿈꾸는 필드에서는 프로급 골퍼이다.
    당신같이 한결같은 좌표는/ 하고 울부짖는 것 같지만 상냥한 상담가이고, 금빛 나는 시인이다. 망치로 두드리면 두드리는 대로 펼쳐나가는 다양함 속에 다 제함이 있다.

    그래서 구름에 채석되어도 그 자리입니다/ 지칠 줄 모르고 흘러가렵니까/

나도 가끔 시를 쓰고 학생을 가르친 교수였다. 어쯤 시인은 「표지판」 전문에 모두의 금빛보다는 지칠 줄 모르고 흘러가렵니까/ 묻는 것이다.

그래 내가 생각하는 당신은 그저 24K 순금이라 생각하고 있었다고.

> 그러면 당신은/ 낮은음으로 말을 걸어오겠지요/
> 아파했던 몸이라도 표지석 그늘막이 되라고/ 아니 가렵니다
> 당신이 내어준 또렷한 글이 거미줄처럼/ 촘촘히 엮이고, 볶이고, 혼란하게 사는 것이/
> 왕거미 같은 집을 지을까 봐 아니 가렵니다/

표지판을 바라보는 시인은 상상을 초월했다. 일반인 같으면 순수 순금 24K로 얻고자 했을 것이다. 값으로 보나 순수성으로 보나 그러나 시인은 18K 금을 말하는 시인을 보고는 단순한 순금이 아닌 자연과 인간이 함께 하는 공학적 기술 혁신이 함께 하는 금 18K로 표현하는 것은 잘 뽑아낸 그의 상징이다.

> 그런 세상에 당신이 사시렵니까/ 말 못 하는 표지판에 거미가 찾아들면/
> 그림자를 낳고 순수타령이다/
> 마치 왕 거리가 왕이라도 된 듯/ 순도 높은 금빛 글자에 꼬리를 자르고/

표정 짓는 나뭇가지 끝에 아슬함이 걸린다/

좌표로 사는 표지판은 그대로 있다.

때로는 방향성을 가리키기도 하고 자연 속에 더불어 사는 정지된 사물이기도 하다. 시인은 순수 24K 값진 것보다 단단해질수록 빛나는 18K 합금을 지목했다. 놀라운 일이 아닌가?

또한, 묵묵히 서 있는 표지판 글자에 거미가 꼬리를 자르고 아슬함이 늘려 있다고 비유하는 기법이 놀랍다.

우린 이미 많이 와 있다. 25년 전이면 강산이 몇 번이나 바뀌었다.

육체적이나 정신도 희미해지는 시간으로 물드는 것 같지만, 우린 시라는 창작에 동반자로서 강산을 즐길 시상을 찾는다.

월성 시인도 녹슬지 않으렵니까? 묻는 하림(河林) 시인 그런 세상에 당신이 사시렵니까/ 시어처럼 꼬리를 자르지 말고 녹이 슬면 어때서 시처럼 살아보세나.

축 늘어진 표지판 그림자/
한결같은 줄이 한결같은 물방울이 한결같은 당신에게/
말을 걸어오는데 당신은 어찌하려 합니까/
당신은 녹슬지 않으렵니까/

표지판이 한결같은 곳에서 자연과 함께 살아간다.

하지만 표지판도 언젠가는 녹이 슨다. 녹이 슨 표지판은 재가공을 통해 다시 태어날 수 있지만, 사람은 녹이 슬면 자연으로 돌아간다.

시인이 창작한 「표지판」

시 한 창작물이 모든 것을 녹아 내일 순 없다. 모두 독자의 몫이다.

바람이 있다면 보석 같은 친구야 노랫가락이 흥얼거린다. 내일이 오면 노랫가락이 찾아 들 듯 네 번째 시집 「추월선」 개봉박두 18K 금처럼 빛나길 바랍니다.

하림(河林) 시인

빛나는 18K의 금으로 표지판을 세상 여기저기에 유익한 이정표를 세우기 바란다. 시인은 그 자신에게 그리고 우리 모두에게 말하고 있다. 금빛 18K 지혜로운 삶의 이정표.

김삼문 시집
추월선

평론

볼수록 예쁘다 꽃처럼

정 순 계 교수

볼수록 예쁘다 꽃처럼

정 순 계
(법학박사, 동의대학교 교수)

누구나 한 번쯤은 문학 글에 빠져 미묘한 사실들에 반한다. 사람이 사는 것 또한, 모든 것에 감정과 의미가 색다르다. 어쯤 처음부터 화려하지 않은 보석처럼 빛나는 사실들로 풍부함이 더해간다.

김삼문 시인은 소프트웨어융합대학 교수이다. 평소에 세밀하고 섬세한 기술을 가르치는 교수가 가끔 만나면 모든 사물은 현실주의라고.
엉뚱하게도 인문학적 언어의 기술로 표현한 시를 접하게 해준다. 예사롭지 않은 꽃향기에 빠질 수밖에 없다. 마치 "볼수록 예쁜 꽃처럼" 말이다.

액자에 묻은 파리똥이
내 얼굴에 점을 찍어 놓았다
바래어가는 피사체들이 구름처럼 선을
지운다

거미가 긴 시간을 늘어뜨리고
아래로 내려오기도 한다

얼굴이 간지러워도 손이
움직이지 않는다

얼굴이 바래지도록 웃고 있다

- 「가족사진」 전문

「가족사진」 시는 법을 전공한 나 같으면 가족사진 추억 속에 잠이 오지 않는다. 같은 글로 표현할 텐데 시인은 액자에 묻은 파리똥이/ 내 얼굴에 점을 찍어 놓았다./ 시인은 소프트웨어 알고리즘에 익숙한 그가 예사롭지 않은 점의 알고리즘을 글로 표현했다.

액자에 묻은 파리똥이/ 내 얼굴에 점을 찍어 놓았다./ 액자 속에 사진을 보고 내 얼굴에 점을 찍어 놓았다. 예술적 언어의 조합이 아닌가?

아끼는 공대 교수가 인문학 전공 같은 점이 모여 선이 되듯이 언어의 조합이 대단하다. 예술적 가치로 누구나 가질 수 없는 것의 가졌다. 법학을 전공한 나 자신도 시를 통한 예술적 가치를 돌아보는 기회가 된다.

거미가 긴 시간을 늘어뜨리고/ 아래로 내려오기도 한다/

고 했듯이 시인은 지역 하늘 아래 긴 시간으로 같이 성장했다. 잠시 동심으로 돌아가 유년기 뛰어놀던 시간을 줍는다. 사춘기로 성장하는 시기는 사진이 참 귀하고 소중하게 간직했다. 그래서인지 누구 집 할 것 없이 대문을 지나 집에 들어서면 가족사진이 우두커니 지키고 있었다. 물론 자금과 달라서 사진 인화 기술도 아날로그방식이 유행했다. 소재지에서는 사진으로 돈벌이가 되는 시기로 졸업사진, 결혼사진 등으로 고객을 감동하게 했다.

소중한 사진은 까만 교복을 입은 학창시절을 앨범에 보관하기도 하고 액자에 넣어 보관과 전시를 통해 서로를 사랑하게 했다. 액자 하나 집을 지키고 있는 사진 속에 파리똥이 앉은 모습을 볼 수 없는 것이 아쉽다. 특히 가족 사랑은 혼사 등 사진 속 주인공을 남다르게 표현을 했던 추억이 아련하다. 가족사진 시의 구절마다 삶의 참맛을 보여주는 시(詩)이다.

오늘날 사진은 디지털 기술진화로 메모리나 스마트폰에 보관한다. 시대의 흐름은 무엇을 남기고 무엇을 추구하는지 알 수 없는 미지의 세계로 향하고 있다. 어쯤, 시인이 추구하는 시상도 변화의 기능성보다 시간의 견고한 액자 속에 사실을 묘사한 시이다. 그래서 후배 시인을 좋아하지 않을 수 없다. 시인이 살아온 시간과 시상은 유사하기에 시대를 잘 표현한 시다.

얼굴이 간지러워도 손이/ 움직이지 않는다/ 얼굴이 바래지도록 웃고 있다/

번뜩이는 언어라고 믿기지 않는다. 섬세한 기억의 한 장면이다. 추억 속에 액자를 바라보며 얼굴이 간지러워도 손이 움직이지 않는다고 얼마나 아름다운 인간적 표현인가?
  꽃처럼 아름답고 섬세한 기억의 감각들을 환기할 수 있는 비유와 적절한 묘사는 충분한 감정을 주고 있다.
  그래서 시인은 얼굴이 바라지도록 웃고 있다./

서로 높이가 다른
나무숲이 섬을 에워쌌다

섬은 그대로인데
나무숲이 섬을 키운다

나무숲에는

동백꽃들이

짙은 혈연을 에워싸고

섬은 동백나무를 끌어안고

파도를 견딘다

동백의 붉은 입이

대신 아파하느라

나무마다

아아아

비명이다

- 「동백섬」 전문

  처음 김삼문 교수가 시 해설을 이야기하길래 어이 이 사람 우리 대학 저명한 인문학 교수가 얼마나 많은데 헛소리하지 말라고 다그쳤다. 며칠을 생각했다. 그래 아끼는 교수이니 전문성을 가진 문학평론보다 구독자로 해설로 만나고 싶었다.
  사방에 늘려 있는 길은 처음부터 선명하지 않듯이 고객으로 만나다 보면 유사하지 않겠는가?
  큰 용기로 전문성 속성이 부족하더라도 두 번째 동백섬 시를 고객으로 만났다.
  해운대 동백섬은 부산을 대표하는 섬이다. 시인가는 지역이 같은 함양 출신이다. 함양군은 통일신라 말기에 함양군수로 와 인공 숲을 조성한 문장가를 빼놓을 수 없다. 대학자이자 문신이신 최치원께서 유랑 길에 동백섬을 찾았다는 기록이 있다. 해운대 동백섬에서 느끼는 빼어난 풍광이 하도 아름다워 석각에 해운대(海雲臺)를 새겼다고 한다. 오늘날 해운대 지명은 세계적인 도시로 성장했다.

　동백섬 시를 만나면 긴 호흡을 같이한 함양군과 해운대가 먼저 떠오른다. 지역은 다소 통일성을 가지고 있다. 서로가 다른 삶으로 각자가 살아가는 것처럼 통일성 배경에 따른 자원을 가지고 있다. 또한, 지역의 오랜 역사적 통일성은 최치원 대학자 문화적 가치로 오늘날 찾고 싶은 도시로 성장하고 있다. 동배섬과 상림 숲은 상징적인 문화자산이다.
　그래서 가족사진/ 동백섬/ 시는 길이 내어준 삶에 한 부분으로 볼 수가 있다. 처음부터 혼자가 아닌 유사한 공동체 도시에서 갖는 형상이다.
　표현하는 방식이 비롯해 다르더라도 형상되며 지역성이다. 지역을 배경으로 묘사하는 생각이 비슷할 수 있다. 마치 사람은 땀을 흘리는 현실 속에서 보람찬 하루로 익어가는 것처럼.

　해운대 동백섬은 섬과 도시가 조화롭게 아름답다.
　관광의 성지로 세계 정상들이 모여 국제적 회의를 개최한 곳이기도 하다. 동백섬 둘레를 걷다 보면 도시야경이 루비 보석빛보다 화려해 발걸음을 멈추게 한다. 빼어난 배경으로 시인이 창작한 작품은 묵객을 불러들이고 있다.

서로 높이가 다른/ 나무숲이 섬을 에워쌌다./
섬은 그대로인데/ 나무숲이 숲을 키운다/

동백섬은 섬과 바다로 빼어난 풍광을 연출한다. 섬에는 동백꽃이 서로 다른 숲으로 산다. 생의 시작에 서로 다르게 살아가듯이 자연에 대한 비유이다. 서로 높이가 다른 나무숲은 자연에 대한 사랑이다. 빼곡히 빌딩 숲으로 층층이 쌓인 도시로부터 울부짖음이 예사롭지 않다.

섬으로부터 쾌적한 환경을 제공하는 아름다움이 시인이 표현한 것처럼

섬은 그대로인데/ 나무숲이 섬을 키운다/

같이 자연이 서로 다르게 크면서 섬과 바다는 묵객을 불러 모은다. 누구나 꿈꾸는 더불어 살아가는 아름다운 조화는 어떨까?

시인은 동백섬에서 핀 붉은 동백을 붉은 피가 건강한 사회를 만드는 꿈을 꾼 것일까?

동백의 붉은 잎이/ 대신 아파하느라/ 아아아/ 비명이다/

사실을 묘사한 시이다. 최치원 대학자가 유량길에 아름다운 풍광에 잠시 빠졌듯이 동백섬은 세계에서 가장 아름다운 섬으

로 기억되기를 어쯤 시인은 바라는지 모르겠다.

　　두 선이
　　평행선을 그린다

　　한 선은 붉고
　　한 선은 파랗다

　　담장 입꼬리에 장미가
　　빨갛게 물려있고
　　파란 줄기가 고독처럼 길다

　　5월이 준비되었다

　　웃는 얼굴로
　　어둠을 상영했다

-「스위치」전문

두 선이/ 평행선을 그린다/
한 선은 붉고/ 한 선은 파랗다/

　두 선은 음과 양이다. 어쯤 시인은 남자와 여자로 표현을 했는지도 모른다. 내가 알기로는 시라는 것은 독자로부터 느끼는 감정이 다양했을 때 더 좋은 시로 평가받을 수 있다고 들었다.
　우리가 어릴 때 호롱불 앞에서 까맣게 그 실 린 콧등을 기억

할 것이다. 참으로 호젓하면서도 가족애가 층층이 싸여 가난을 헤쳐나간 일화는 모두 비슷할 것이다.

두 선이/ 평행선을 그린다/

시어를 읽으면서 콧등이 까맣게 거슬린 어린 시절이 생각났다. 두 선이 집마다 빨간 선이 간격을 두고 파란 선이 간격을 두고 설치되었다. 거미줄처럼 집을 에워쌌다. 집마다 시설하는 사람들로부터 설명을 듣고 중간버튼을 눌렸다. 순간 두 선으로부터 전깃불이 환하게 들어온 기억이 선명하게 비쳤다.

일명 새마을운동이라는 성공모델이 세계 시장의 상품이 되었다. 전기산업은 가정이나 산업으로 이양이 되면서 오늘날 세계 10대 국가로 성장할 수 있었다. 두 선은 아직도 진행형이다.

담장 입꼬리에 장미가/ 빨갛게 물려있고/ 파란 줄기가 고독처럼 길다/

김삼문 시인은 공대 교수라기보다는 인문학 자질이 확실하다. 두 선을 보며 서로 다른 색상으로 역할에 따른 온 세상을 밝게 표현했듯이 두 선의 시선은 오월에 여왕 장미꽃에 이미 와 있었다. 마치 두 선이 평행선으로 환한 세상으로 안내했듯이

장미가 빨갛게 물려있고/ 파란 줄기가 고독처럼 길다/

고 한다, 두 선이 분명하다
 또한, 두 선은 빨강 색과 파란색이 평행선으로 있을 때 서로의 평평한 역할로 성장할 수 있다는 멋진 표현에 감동했다. 물론 너무 평행선보다는 가끔 시인의 네 번째 시집처럼 추월선도 필요할 것이다.

 오월에 활짝 핀 장비 담벼락은 누구에게나 그리움으로 찾아든다.
 어쯤 시인도 5월이 준비되었다/ 표현했듯이 그도 첫사랑을 향한 그리움을 태우고 싶었는지 모르겠다. 그래서 시인은 웃는 얼굴로/ 어둠을 상영했다. 고 노래 하는 것이다.

 법학 전공으로 딱딱하기보다는 부드럽게 평론보다는 해설에 대한 영민을 엮어 보았다.
 「추월선」 75편 시 중에서 3편의 참신한 시를 골라 부족한 글로 표현했다. 하지만 글을 적으면서 작가의 길을 생각해 보았다. 경장이 고독한 길이라 여겨졌다.
 한편으로 시인이 자작한 「스위치」
 두 선이 빨강, 파란 색상으로부터 서로가 사랑하길 바랐다.
 두 선은 자연 속으로 장미 잎과 파란 줄기로 사물을 통한 적절한 묘사의 기법이 예사롭지 않지만, 일상처럼 늘 일상에서 필요하다고 느껴보았다. 그래서 시인은 독자를 향한 기대와 고독은 늘 외로움이 되어 자작 시의 싸움 같기도 했다.

　네 번째 시집 「추월선」
　독자의 첫 만남으로 다양 층 독자의 사랑과 두 선이 환한 세상으로 안내했듯이 독자의 만남이 환한 웃음이 넘치시길 기도해 봅니다.

　아래 시는 2024년 해운대문화원 책에 실은 시이다. 시 낭독으로 축하를 드립니다.

　　양파가 한 겹씩 감싸듯이
　　둥글게 싸인 아파트 층층이
　　둥근 바람이 펄럭인다

　　한 겹 한 겹 모두 껍질이다

　　꽁꽁 싸인 속살이
　　둥근 껍질이다

　　속이 없어서 속을 알 수가 없다

　　층층이 두른
　　뭉게 구름처럼

한 덩어리의 껍질은
완전하다

칼이 가로지른 사연들이 무너지지 않는다면
양파가 아름다운 것처럼

— 「해운 촌」 전문

계간 《부산시인》
신인상 응모작품 모집

    (사)부산시인협회에서는 부산은 물론 한국 문단의 새로운 주역이 될 참신하고 역량있는 신인을 발굴하고자 『부산시인』 신인상 작품을 다음과 같이 공모합니다.

- **응모 분량 :** 시 10편 이상
- **원고 접수 :** 수시
- **응모 방법 :**
  1. 원고는 어떤 매체에도 발표되지 않은 작품이어야 하며, 당선된 작품이라도 후일 표절로 밝혀지거나 동일 작품이 다른 매체의 중복 투고되어 동시 당선되면 수상을 취소합니다.
  2. 응모작품은 반드시 우편접수를 원칙으로 하며, 겉봉투에 신인상 응모작품임을 명시하여야 합니다.
  3. 작품 앞부분에 이름(필명인 경우 본명을 밝힐 것)과 주소, 연락처를 반드시 명시해 주십시오.

- **심사 및 발표 :** 본 지 수시로 당선자 게재
- **보낼 곳 :** 48401 부산시 남구 전포대로67번길 20 (4층)
- **기타 상세한 내용은 (사)부산시인협회 사무국으로 문의바랍니다.**

  40801 부산시 남구 전포대로 67번길 20 (4층)
  TEL. (051) 441-6134 FAX. (051) 467-3134
  E-mail. busansiin@hanmail.net

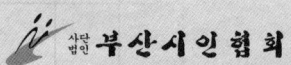

황인국 시집
검정고무신 한 짝

황인국 시인이 두 번째 시집 『검정고무신 한 짝』을 낸다. 첫 시집 『엄마의 포도』를 낸 지 10년 만이다.

아들과 목욕탕엘 갔다
청춘에 힘이 남아도는지
얼마나 등을 빡빡 밀었으면
따갑고 쓰라린 통증에
밤잠을 못 이뤘다
정성껏 때를 민다는 것이
못난 애비에 대한
사랑의 표현이었을까
미움인지 고마움인지
등짝엔 때 아닌
복사꽃이 활짝 피었다

- 「복사꽃」 전문

황인국 시인의 시는 소박하고 직설적이며 진정성이 짙어 퍽 설득력이 있다. 아들에게 밀린 등이 얼얼한 대로 행복한 웃음을 피웠을 시인의 모습이 훤하게 떠오르는 것이다.

- 정진채(시인, 소설가, 동화가) 해설 중에서

황인국 시인은 경북 상주 출생으로 1997년 《신춘문예》 소설 가작, 2006년 《문학예술》 시부문 작가상으로 작품활동을 해 왔다.
상주신문(주)부산 취재 본부장을 역임했으며 현재 사단법인 부산시인협회 이사장(회장)으로 활동 중이다.
시집으로 『엄마의 포도』, 『검정고무신 한 짝』이 있다.

김삼문 세번째 시집

문틈

김삼문 시인은 시집 서문에서 "균형과 기쁨의 연속"을 채우고자 열망하고 있다. 불균형과 슬픔이 많은 우리 시대에 독자를 향한 시적 화자의 바램이라는 간곡한 자신의 창작활동의 방향을 밝히고 있다.

그의 시에는 골목길 울타리, 주머니, 둥근 돌 등 낡고 칙칙한 영상들이 협소한 공간과 어둠의 이미지로 나타나지만 불균형에서 균형으로, 슬픔에서 기쁨으로의 전환을 형상화하고 있다.

당당한 대문이 아닌 문의 틈새 속에 끼인 현실과 언제나 한 모퉁이로 밀려나서 세상과 소통하지만 광장, 혹은 우주를 관통하려는 골목길 시학이 넘쳐나고 있다. 문틈은 건축학적인 측면과 달빛이 작은 공간에서도 그 힘을 발휘하며 끝내는 둥근 달로 통하는 우주적 시야를 흔들고 있는 인문학적 관점과 신비한 믿음과 사회에 대한 끊임없는 열망을 지성적인 기법으로 형상화 한 시집이다.

- 정영자 문학평론가(교수)의 해설 중에서

김삼문
시집 『또랑놀이』, 『달빛그을음』, 『문틈』, 『추월선』
동의대학교 교수
2009년 《시와 수필》 등단
해운대문인협회 회장

도서출판 에이엑스
문학상 응모작품 모집

도서출판 에이엑스에서는
한국 문단의 활동을 지원하기 위한 역량있는 시인의
『출간 시집』작품을 다음과 같이 공모합니다.

지원금 2,000,000원 도서출판 에이엑스에서 지원합니다.

- **응모 분량 :** 자유시 70편 이내

- **원고 접수 :** 2025.6.10. ~ 2025.10.25.

- **응모 방법 :**

  개인 시 창작 작품으로 시집 출간을 희망하는 시인을 대상으로 두 분을 모집하여 시집 발간 비용 200만원을 지원해 드립니다.

- **심사 및 발표 :** 당선자 개인 통보

- **보낼 곳 :**

  도서출판 에이엑스(부산광역시 부산진구 부전로 5-1, 4층)
  TEL. (051) 808-5571 FAX. (051) 809-5571
  E-mail. geobook80@hanmail.net

- **기타 상세한 내용은 도서출판 에이엑스로 문의바랍니다.**

김삼문 네 번째 시집

추월선

지은이	김삼문
인쇄일	2025년 6월 16일
발행일	2025년 6월 18일
펴낸곳	도서출판 에이엑스
	부산광역시 부산진구 부전로 5-1
	T. 051-808-5571 F. 051-809-5571
	E. geobook80@hanmail.net
	www.designgbg.co.kr
	출판등록번호 1996-000003호

ⓒ 김삼문 2025   ISBN 979-11-91208-59-7 (03810)
정 가 / 13,000원

※ 이 책은 저작권법에 따라 보호받는 저작물이므로 무단 전재와 복제를 금합니다.